아바 일터 성경 공부 시리즈 3

성경적 리더십

여호수아와 사사기를 중심으로

방선기 지음

아바서원

머리말

성경 안에 직업 문제의 해답이 있습니다!

성경은 영생을 위한 진리는 물론 우리 삶에 필요한 모든 원리를 다 가르치고 있습니다(딤후 3:15-17). 그런데 성도들조차 실생활에서 성경을 그저 종교 서적쯤으로 인식할 때가 많은 것 같습니다. 교회 생활과 관련된 영적 문제에 관해서는 그 원리나 해결책을 성경에서 찾으려고 하지만 직업 문제같이 세상 속에서 그리스도인으로 살아가면서 겪는 문제들에 대해서는 성경이 해답을 줄 것이라고 생각하지 않습니다.

성경은 우리 삶의 모든 영역에서 하나님의 뜻을 보여줍니다. 직업 문제에 관한 구체적인 원리와 실제적인 해결책도 얼마든지 찾을 수 있습니다. 이 성경 공부 교재는 여호수아와 사사기 본문 중심의 교재입니다. 이 땅에서 직업을 가지고 일하는 그리스도인들이 성경을 공부하면서 직업과 관련된 하나님의 뜻을 알 수 있게 하려는 성경적 직업관 확립을 목적으로 만들어진 것입니다.

이 교재를 펴내기 전에 먼저 그리스도인 기업인들과 함께 공부하면서 말씀의 새로움을 깨달았으며 다양한 직업 현장에 적용해 보기도 했습니다. 이제 더 많은 그리스도인 직업인들과 이것을 나누려고 합니다.
성경을 펴고 기도하십시오. 그리고 한 문제 한 문제 읽어가면서 하나님의 음성을 듣고 일터에 적용해 보십시오. 살아 역사하시는 하나님의 말씀을 체험할 수 있을 것입니다.

방선기 목사

차례

그룹 인도자와
개인을 위한 지침

'아바 일터 성경 공부 시리즈'의 특징은 직업관을 테마로 삼은 본문 성경 공부라는 점입니다. 따라서 본문의 모든 관점을 신학적으로 세밀하게 연구하는 공부는 아닙니다. 성경 본문의 문맥을 파악하고 직업관 중심으로 제기된 질문에 답하고 토의하는 과정을 통해 직업 현장에서 겪는 문제들에 접근하는 것이 이 교재의 제작 동기입니다. 그런 이유로 이 교재는 혼자 공부하는 것보다 그룹이 함께 공부하는 것이 더 좋습니다. 이 교재를 사용하는 데 필요한 몇 가지 지침을 소개합니다.

1. 교회 청년부나 직장 신우회에서 공부를 인도하는 리더들은 효과적인 질문을 던지고 조원들이 토론할 수 있도록 안내하는 역할을 잘 수행하시기 바랍니다. 성경을 가르치려 하거나 해답을 강요하는 자세는 바람직하지 않습니다. 본문 해석에 지나치게 집중해서 시간을 오래 끌지 않도록 시간 안배를 적절히 해주시기 바랍니다. 해당 과의 목표를 반드시 숙지해서 토의 방향이 다른 곳으로 흐르지 않도록 하는 것도 꼭 기억하시기 바랍니다.

2. 공부를 시작할 때 먼저 "마음을 엽시다!"와 1번 질문을 통해 해당 과의 주제를 조원들이 파악하게 한 후에 성경 본문을 읽으시기 바랍니다. 또한 각 과는 유기적 연결 고리를 가진 세 단락으로 나뉘어 있습니다. 이 연결 고리를 잘 파악해서 다음 단락으로 넘어가는 간단한 질문이나 설명을 준비하시기 바랍니다.

3. 각 단락의 첫 번째 질문은 주로 관찰 질문입니다. 본문에 근거해서 기본적인 사실들을 파악하여 해석과 적용을 위한 기초를 탄탄하게 쌓는 것이 좋습니다. 단락의 두 번째와 세 번째 질문에는 해석과 아울러 적용이 섞여 있습니다. 해석과 적용을 직업적 측면 중심으로 다루고 있다는 사실을 명심하고 토의를 이끌어주시기 바랍니다.

4. '짧은 주석'은 조원들이 다 함께 파악해야 할 문제들을 간단하게 설명한 것입니다. 자세한 설명이 필요한 경우에 주석을 참고해서 보충 설명을 하시면 공부에 도움을 줄 것입니다. '적용 포인트'는 이 교재의 집필 방향인 직업적 관점으로 본문의 교훈을 적용하는 원리와 예를 들어놓은 것입니다. 이것을 참조하면서 조원들이 다양한 직업 생활 경험을 나눌 수 있도록 유도해 주시기 바랍니다. 각 과 사이에 있는 '사이 특강'이나 '사잇글'은 해당 과의 공부에 도움을 주기 위해 제공하는 것입니다. 교재의 뒤쪽에 있는 '인도자를 위한 지침'도 유용하게 사용하시기 바랍니다.

5. 이 책은 두 부분으로 나눌 수 있습니다. 1-4과는 직업관의 원리적 측면을 강조하고 기독교 세계관에 근거한 직업관을 본문 중심으로 살펴보는 것입니다. 5-8과는 직업 생활의 실제적인 측면을 다룹니다. 이 구조를 미리 잘 파악하고 공부를 인도하시기 바랍니다.

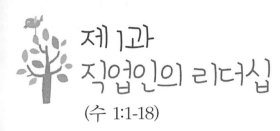

제 1과
직업인의 리더십
(수 1:1-18)

이 과의 목표

하나님은 모세가 죽은 후에 여호수아를 세우심으로써 리더십의
공백을 메우셨다. 이때 하나님은 단순히 지도자만 교체하신 것이
아니다. 하나님은 새로운 지도자를 세우실 때 반드시 필요한 권위
를 갖추게 하신다. 여호수아가 하나님으로부터 지도자로 부르심을
받고 지도자의 권위를 부여받으며 이스라엘의 지도자가 되는 과정
을 살펴보는 것이 이 과의 목표이다.

 마음을 엽시다!

　당신은 입사 4년차 대리. 팀장으로 일하던 K과장이 갑자기 퇴사한 후 당신에게 팀장 자리가 맡겨졌다. 역대 팀장들이 6개월을 버티기 힘들었을 정도로 고되고 탈도 많은 자리이다. 또 업무상 중요한 직책이기도 하다. 당신은 과연 이 힘든 상황에서 리더십을 잘 발휘할 수 있겠는가?

1. 현대 사회에서 일터만큼 리더십의 가치가 중요시되는 곳이 없습니다. 리더십이 정말 중요하다고 느꼈던 경험이 있다면 이야기해 보십시오.

　당신이 비록 신입 사원이라도 당신에게는 리더십이 있어야 하고 실제로 리더십이 있습니다. 당신의 리더십에 대해서 어떻게 생각합니까?

　이제 여호수아 1장 1-18절을 읽으십시오.

리더십의 필수 요소 (1-9절)

2. 평생을 모세의 시종으로 살아온 여호수아는 자신이 지도자가 된다는 생각을 하지 못했을 것입니다. 그러나 하나님은 여호수아를 위대한 지도자 모세의 뒤를 잇는 이스라엘의 지도자로 삼

으셨습니다. 하나님이 그에게 주신 말씀을 통해서 지도자가 꼭 갖추어야 할 리더십의 요소들이 무엇인지 정리해 보십시오.

1) 비전(vision, 2-4절)

2) 자신감(confidence, 5-7, 9절)

3) 원칙(principles, 7절)

4) 영성(spirituality, 8절)

짧은 주석 3절에서 하나님의 말씀 중 "주었노니"라는 표현은 히브리어 문법상 시제가 예언적 완료형인 것이 특징입니다. 미래에 일어날 일이지만 하나님의 시각으로 볼 때 너무나 분명한 일이어서 완료 형태로 표현되어 있는 것입니다. 여호수아의 비전은 이렇게 하나님이 주시는 확신에 근거해 있었습니다.

3. 이 항목별로 당신 자신의 리더십을 성찰해 보십시오.

1) 그리스도인 직업인으로서 당신의 비전은 무엇입니까?

2) 당신의 자신감은 무엇에 근거를 두고 있습니까?

3) 당신은 직장 생활에서 어떤 원칙을 가지고 있습니까?

4) 현재 당신의 경건 생활은 어떻습니까?

적용포인트 리더십의 4요소는 직장 생활에서 꼭 필요합니다. 당신에게 어떤 부분이 부족한지 잘 살펴보시기 바랍니다. 그 부분을 보충하기 위해서 어떤 노력이 필요한지 서로 이야기해 보십시오. 우리는 자기 자신을 객관적으로 보기 힘들기 때문에 서로 상대방의 리더십에 대해서 솔직히 말해주는 것도 좋습니다.

리더십 발견하기 (10-15절)

4. 하나님의 임명을 받은 여호수아는 그 사실을 백성에게 명확하게 알리고 백성을 이끌어갔습니다. 이 과정에서 여호수아의 리더십을 구체적으로 발견할 수 있습니다. 그 내용을 당신의 말로 정리해 보십시오.

 1) 사람을 통한 조직 관리(10-11절)

 2) 전통의 수용과 혁신(12-14절)

 3) 의사소통(12-15절)

5. 이 항목별로 당신 자신의 리더십을 성찰해 보십시오.

1) 동료들이나 아랫사람들을 신뢰하면서 그들에게 권한을 위임합니까?

2) 전통을 잘 수용하면서 진취적으로 사고하고 행동합니까?

3) 의사소통을 제대로 하기 위해 어떤 노력을 기울입니까?

인정받는 지도자 (16-18절)

6. 여호수아가 이스라엘의 지도자가 된 것은 하나님의 뜻이었지만 백성이 여호수아의 권위를 인정한 뒤에야 여호수아가 완전한 리더십을 행사하게 되었습니다. 이스라엘 백성은 여호수아의 권위를 어떤 식으로 인정했습니까?(16-18절)

7. 이스라엘 백성이 여호수아를 지도자로 인정하게 된 이유를 생각해 보십시오. 당신의 아랫사람들은 당신의 리더십을 얼마나 인정하고 있습니까? 왜 그렇습니까?

8. 하나님이 지도자의 역할에 대해 두려움을 품고 있던 여호수아에게 세 번씩이나 명령한 것은 무엇입니까?(6-9절) 백성들 역시

그에게 어떤 당부를 했습니까?(18절)

이 말은 여호수아에게 어떤 느낌을 주었겠습니까?

진정한 리더십은 하나님의 인정을 받는 것만이 아님을 깨달아야 합니다. 따르는 사람들에게 인정받지 못하는 사람은 진정한 지도자가 될 수 없습니다. 그런 면에서 당신의 리더십이 하나님과 사람들 모두에게 인정받으려면 어떤 노력을 해야 하는지 생각해 보십시오.

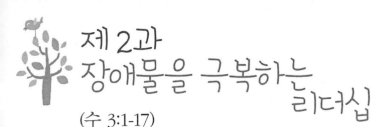

제 2과
장애물을 극복하는 리더십
(수 3:1-17)

이 과의 목표

지도자가 되었다고 해서 순탄한 앞날이 보장되는 것이 아니다. 여호수아는 이스라엘의 지도자가 된 후에 요단 강이라는 큰 장애물을 만났다. 그가 백성과 함께 이 크나큰 장애물을 극복한 사건을 통해 오늘날 모든 지도자에게 필요한 위기관리 능력을 공부한다.

마음을 엽시다!

　포장지 생산 업체의 주임으로 승진해 생산라인의 최종 검사와 포장의 책임자가 된 당신. 설 명절 하루 전이라 오전 근무만 하기로 되어 있었으나 갑작스레 두 시간 정전이 되었다. 이전 라인 사람들은 모두 일을 마쳤으나 당신이 책임을 맡은 라인만 세 시간이나 더 일을 해야 마칠 수 있다. 고향에 내려갈 차표를 끊어둔 직원들도 절반이 넘는다. 당신은 어떻게 하겠는가?

1. 직장 일을 하거나 사업을 하다 보면 누구나 어려운 상황을 만나게 마련입니다. 포기하고 싶어도 포기할 수 없는 상황도 있습니다. 만약 당신이 그런 상황에 부딪힌다면 가장 먼저 어떤 생각을 하겠습니까?

　여호수아가 과연 문제를 어떻게 해결하는지 살펴보면서 당신이 일터에서 만나는 장애물을 어떻게 뛰어넘을 수 있을지 구체적이고도 실제적인 교훈을 배워봅시다.

　이제 여호수아 3장 1-17절을 읽으십시오.

장애물을 만났을 때(1-7절)

2. 여호수아가 백성을 인도해서 가나안으로 들어가는 과정에서 요

단 강이란 장애물을 만났습니다(1절). 이때 지도자로서 여호수아는 어떤 자세를 취했습니까?(5절)

여호수아가 그런 확신을 품게 된 근본적인 이유는 무엇이었습니까?(7절)

3. 여호수아의 이 확신을 출애굽 당시 홍해 앞에서 모세가 품었던 확신과 비교해 보십시오(출 14:13-14).

장애물을 극복하는 데 가장 중요한 것은 지도자의 확신입니다. 지도자가 하나님을 전적으로 의지하는 믿음에 근거해서 확신할 때 장애물의 극복은 이미 시작된 것이나 다름없습니다.

4. 여호수아는 백성에게 요단 강을 건너기 전에 해야 할 일에 대해서 가르쳐 주었습니다. 백성과 제사장들에게 여호수아가 부탁한 일은 무엇입니까?(3-6절)

1) 백성에게(3-4절)

2) 제사장들에게(6절)

짧은 주석 가나안 땅에 들어서면 곧 시작될 전쟁을 앞두고 "너희는 자신을 성결하게 하라"고 여호수아가 명령한 것은 그 일이 하나님의 이적으로 이루어진다는 것과 더불어 가나안 전쟁이 군사적인 전쟁보다는 영적 전쟁임을 암시합니다. 실제로 다음 과에서 다룰 여리고 성 전투와 아이 성 전투라는 상반된 전쟁을 통해서도 이 점이 입증됩니다.

5. 이 명령은 오늘날 우리 공동체에서 지도자를 따르는 자들과 지도자에 대해 각각 무엇을 가르쳐줍니까? 당신의 일터에서 부족한 점은 무엇입니까?

적용포인트 하나님의 역사를 이루기 위해서는 공동체 구성원들의 역할과 질서가 필요합니다. 앞서가는 사람이 우월하고 뒤따르는 사람이 열등하다는 권위적이고 위계질서 중심적인 사고로는 성경에서 말하는 리더십의 본질을 이해하기 힘듭니다.

장애물 극복을 위한 믿음이 곧 리더십! (8-17절)

6. 하나님은 먼저 제사장들이 요단 강에 발을 들여놓도록 하셨습니다(8절). 이 명령을 받은 제사장들의 반응은 어땠을 것 같습니까? 상상해 보십시오.

이 명령은 홍해를 건널 때와는(출 14:21-22) 어떻게 달랐습니까?

7. 이 명령을 하실 때 하나님이 원하시는 것은 무엇이었습니까? 지도자에게 필요한 리더십의 관점에서 답해 보십시오.

> **짧은 주석** 제사장들이 물이 강둑을 흘러넘치는(15절) 요단 강에 발을 들여놓기 위해서는 큰 믿음이 필요했습니다. 이때는 유대력 니산월(태양력 3, 4월)로 보리를 추수할 때였습니다(4:19). 요단 강은 통상 이 때쯤 유량이 가장 많았습니다.

8. 하나님은 이런 믿음의 요구를 제사장들에게만 하셨습니다. 그이유는 무엇일까요? 백성이 강을 건너는 동안 제사장들이 했던행동(17절)과 연관 지어서 생각해 보십시오.

장애물을 극복하기 위해서는 지도자들이 먼저 믿음의 본을 보여야 하며 그 믿음의 본은 대체로 희생과 솔선수범입니다.

9. 요단 강을 무사히 건넌 후 백성은 하나님께 감사드렸을 것입니다. 또한 자신들을 이끌어준 지도자들에게도 감사했을 것입니다. 이 때 여호수아와 지도자들의 마음은 어떠했을까요?

지도자에게 장애물은 큰 골칫거리이지만 지도자의 리더십과 권위를 인정받는 기회가 되기도 합니다. 위기는 곧 기회라는 말은분명한 사실입니다. 따라서 문제가 생길 때 하나님께 기도하면서 지도자로 성장할 기회를 삼으십시오. 만약 장애물 앞에서 회피한다면 리더십을 포기하는 것입니다.

윗사람의 리더십이 너무 마음에 들지 않을 때

질문: 저는 직장생활 9년차로 내내 같은 부서에서 같은 팀장님과 일했습니다. 우리 팀장님은 워낙 성격이 꼼꼼하고 모든 면이 철저하십니다. 예전부터 고민해 왔지만 오늘은 회사를 그만두는 문제를 신중히 생각했습니다. 팀장님은 업무적인 것보다는 공손한 자세, 온라인 교육 수료 등 사소한 문제로 "다른 부서로 가길 원하느냐?", "생산 부서로 보내줄까?"라는 협박 아닌 협박을 합니다. 비단 저뿐만 아니라 부서원들이 거의 공통적으로 느끼는 문제입니다. 이런 리더 밑에서 계속 일하는 게 바람직한지 회의가 듭니다. 어떻게 하면 좋을까요?

상담: 참 마음고생이 심하시군요. 단도직입적으로 결론을 말씀드리겠습니다. 윗사람의 문제 있는 리더십으로 고민하는 사람들은 주님의 고통의 자취를 따라간다는 심정으로 리더에게 순종해야 한다는 것이 가장 정확한 성경적 답변입니다. 저 역시 직장생활을 하면서 질문자와 흡사한 경험을 했습니다. 저의 윗사람도 까다롭기가 한이 없는 분이었습니다. 약간의 결벽증까지 있는 그분 때문에 저도 스트레스를 많이 받았습니다. 상식적으로 말이 안 되는 일을 시키고 그 일을 제대로 해내지 못하면 엄청나게 화를 냈습니다. 그래서 한번은 그분에게 정면으로 반발을 했습니다. 그 일 때문에 직장에 있는 동안 얼마나 고통을 당했는지 모릅니다.

그때 제 선배가 이렇게 가르쳐 주었습니다. "네 생각으로 그분을 판단하지 말고 그분이 시키는 대로 해라." 저는 심정적으로 그 말이 용납되지 않았습니다. 그런데 그 선배는 그 상사의 그런 행동을 그대로 다 용납했습니다.

그런데 나중에 성경을 공부하다가 베드로전서 2장 18-21절을 읽고 하나님 앞에서 얼마나 죄송했는지 모릅니다. 베드로는 이렇게 말했습니다. "사환들아 범사에 두려워함으로 주인들에게 순종하되 선하고 관용하는 자들에게만 아니라 또한 까다로운 자들에게도 그리하라 부당하게 고난을 받아도 하나님을 생각함으로 슬픔을 참으면 이는 아름다우나 죄가 있어 매를 맞고 참으면 무슨 칭찬이 있으리요 그러나 선을 행함으로 고난을 받고 참으면 이는 하나님 앞에 아름다우니라 이를 위하여 너희가 부르심을 받았으니 그리스도도 너희를 위하여 고난을 받으사 너희에게 본을 끼쳐 그 자취를 따라오게 하려 하셨느니라."

주님은 우리에게 까다로운 윗사람에게도 순복하라고 하십니다. 그러면서 그로 인한 고통은 예수 그리스도께서 인류를 위해 십자가 고통을 감수하신 그 자취를 따라가는 것이라고 했습니다.

예수님을 모르는 저의 선배는 오히려 이 말씀대로 실천했는데 예수님을 믿고 성경을 공부한다는 저는 오히려 그 말씀을 무시하고 제 기분대로 행동했습니다. 그 일 이후로 이 구절이 제 삶의 중요한 원칙이 되었습니다.

물론 윗사람이 우리에게 부정한 일을 요구할 때는 불순종해야 합니다. "하나님 앞에서 너희의 말을 듣는 것이 하나님의 말씀을 듣는 것보다 옳은가 판단하라"(행 4:19)고 하면서 단호했던 사도들의 본을 우리도 따라야 합니다. 그러나 우리에게 희생을 요구하거나 자존심을 건드리는 경우에는 좀 힘이 들어도 순종하는 것이 하나님의 뜻입니다. 견디기 힘들 때마다 십자가에서 억울하게 고통당하고 죽으신 주님을 생각하면 좋을 것입니다.

오늘날 우리가 사는 세상에서 주님의 고통을 어떻게 체험하겠습니까? 믿음 때문에 핍박받는 일도 별로 없지 않습니까? 그러니 일터에서 그렇게 힘든 일을 극복하고 나면 영적으로 엄청나게 성숙하게 될 것입니다. 직장인으로도 인정을 받을 수 있습니다. 그 윗사람이 까다로운 것으로 유명하다면 그 사람 밑에서도 버텨낸 사람으로 인정받을 수도 있을 것입니다. 그것이 사람들에게 좋은 '보증수표'가 될 수도 있습니다.

제가 알고 있는 한 후배도 호랑이 같은 상관 밑에서 고생하면서 버텼는데 그 사실이 나중에 인사고과에 중요하게 반영되었다고 합니다. 이런 생각을 하면서 로마서 8장 28절을 다시 묵상해 보십시오. "우리가 알거니와 하나님을 사랑하는 자 곧 그의 뜻대로 부르심을 입은 자들에게는 모든 것이 합력하여 선을 이루느니라."

(상담 글: 방선기 목사)

제 3과
성공과 실패
(수 6:12-21, 7:1-15)

이 과의 목표

이스라엘은 요단 강을 건넌 후 첫 번째 성인 여리고 성을 쉽게 함락시켰지만 그보다 작은 성인 아이 성에서는 뼈아픈 패배를 경험했다. 이 두 사건은 이스라엘 백성이 치르는 가나안 전쟁의 승리와 패배가 하나님께 대한 순종과 불순종에 따른 것임을 보여준다. 이 사건들을 살펴보면서 그리스도인으로서 성공과 실패를 대하는 자세에 대해 공부한다.

❤️ 마음을 엽시다!

살다 보면 일이 잘 풀릴 때도 있고 계속 실패할 때도 있습니다. 그럴 때 당신은 어떤 자세를 보입니까?

1) 일이 잘 풀릴 때

2) 일이 잘 안 풀릴 때

1. 전도서 저자는 성공과 실패의 상황에 대해서 어떻게 조언하고 있습니까?(전 7:14)

여호수아와 이스라엘 백성이 여리고 성과 아이 성을 함락시킨 사건을 통해서 성공과 실패에 대해 우리 그리스도인들이 취할 바람직한 자세를 공부해 봅시다.

이제 여호수아 6장 12-21절, 7장 1-15절을 읽으십시오.

순종의 결과는 성공!(6장)

2. 여리고 성은 이스라엘 백성으로서는 힘겨운 상대였지만 거뜬히 함락시켰습니다. 어떻게 함락시켰습니까?(수 6:11-16, 20)

이스라엘 백성이 여리고 성을 무너뜨릴 수 있었던 이유는 무엇입니까?(6:2-5)

3. 여리고 성을 점령한 후에 여호수아와 이스라엘 백성의 기분이 어떠했을까요?(6:27 참조)

이때 여호수아와 이스라엘 백성은 어떤 태도를 보였어야 합니까?(고전 10:12 참조)

4. 백성이 모두 크나큰 승리에 도취해 있을 때 이스라엘 공동체 안에서 어떤 일이 일어났습니까?(7:1)

범죄한 사람은 아간 한 사람이었지만 성경은 "이스라엘 자손들이 온전히 바친 물건으로 말미암아 범죄하였"다고 말합니다. 이것은 무엇을 의미합니까?(고전 5:6 참조)

적용포인트 일터에서도 한두 사람이 일터 전체에 문제를 일으킬 수 있습니다. 한 사람이 공동체에 미치는 영향력을 생각하여 문제를 일으키지 않도록 서로 중보 기도해 주는 것이 어떻겠습니까? 욥기 1장 5절에 나오는 대로 욥이 자식들이 범죄하지 않게 하려고 기도했던 것처럼 부서의 책임자로서 직원들을 위해서나 책임자를 위해, 서로를 위해 중보 기도하는 일이 꼭 필요합니다.

불순종의 결과는 실패!(수 7장)

5. 한 번 승리를 경험한 이스라엘 백성은 아이 성을 정탐하고서 어떻게 반응했습니까?(7:2-3)

이들의 잘못은 무엇입니까?

이들의 자신만만한 태도를 가나안을 정탐하고 돌아온 갈렙과 여호수아의 태도와 비교해 보십시오(민 14:9). 이 둘의 차이는 무엇입니까?

적용포인트 하나님이 주신 승리요 성공이라도 그 성공의 원동력이었던 하나님의 능력을 잊으면 큰 실패를 가져올 수 있음을 명심합시다. 일터에서도 이런 경우가 자주 있는데, '왜 그럴까?' 하고 원인을 생각하면서 하나님만 의지할 수 있는 믿음을 달라고 기도합시다.

6. 정탐꾼들이 아이 성을 바라보는 시각만 잘못된 것이 아니라 지도자들의 잘못된 판단이 더 큰 문제였음을 7장 4절의 행간에서 발견해 보십시오.

아이 성 전투에서 대패한 후 여호수아는 어떤 반응을 보였습니까?(7:6-9) 이 반응에서 리더십의 어떤 문제점을 발견할 수 있습니까?

7. 여호수아는 실패의 결과에 초점을 맞추었지만 하나님은 여호수아가 실패의 영적 원인을 찾기 원하셨습니다. 결국 찾아낸 실패의 원인은 무엇이었습니까?(7:18-21)

8. 결국 이스라엘 백성은 다시 아이 성을 공략하여 승리했습니다(8장). 여리고 성과 아이 성을 점령하는 과정에서 성공과 실패에 관해 이스라엘이 배운 교훈은 무엇이었습니까? 이 교훈을 당신의 생활 여러 영역에 적용해 보십시오.

1) 개인적으로

2) 회사에서

3) 교회에서

4) 가정에서

여리고 성 전투와 아이 성 전투는 이스라엘 백성이 가나안에서 치렀던 수많은 전쟁 중에서 성공과 실패에 관한 명백하고 대조적인 패러다임을 보여주었습니다. 여리고 성의 성공과 아이 성의 실패는 각각 순종과 불순종에 따른 결과였습니다. 우리도 일터에서 매출을 올리고 성과를 달성하는 것만이 성공이 아니라 하나님을 향한 순종이 진정한 성공임을 기억합시다. 세상에서 하나님이 기뻐하시는 진정한 성공의 삶을 살아갑시다.

성공의 우상을 경계하라!

구약 성경 호세아서를 묵상하다 보면 이해하기 어려운 부분이 있다. 선지자의 아내가 남편을 버리고 사랑하는 사람을 따라갔는데 하나님은 그런 아내를 다시 찾아오도록 하신 것이다. 물론 이 말씀은 하나님을 배반하고 우상을 섬기는 이스라엘 백성을 책망하기 위한 실물 교육이다. 그래도 선지자에게 그렇게 음탕한 여자를 아내로 맞이하게 하고, 그런 아내를 계속 받아들이도록 하신 것은 쉽게 이해되지 않는다. 사실 그 여인 고멜이 한 짓은 보통 음행하는 여자들보다 더 사악하다. 그 여자는 자기가 사랑하는 사람을 따르기 위해서 남편이 준 것을 사용했다. 남편 아닌 사람을 사랑해서 따라간 것이 일차적 문제지만 그것을 위해서 남편이 준 것을 사용한 것은 더 사악하다고 볼 수 있다.

성공에 눈 먼 사람들

이런 영적 간음의 모습을 오늘날 나를 비롯한 목회자들에게서 본다. 소명을 받고 목회를 시작하지만 점차 세상이 말하는 성공의 유혹을 받은 목회자들은 성공을 위해 목회를 도구로 이용한다. 성실하게 목회해서 성공하는 것과 성공을 위해서 목회를 이용하는 것은 다르다. 그러나 혼동하기 쉬워서 자칫 잘못하면 목회를 하면서 영적 간음을 할 수 있다.

이것은 목회자들에게만 해당하는 이야기가 아니다. 이 세상에서 살아가는 모든 성도가 얼마든지 빠질 수 있는 위험이다. 세상에서 일하는 직장인이나 기업인들은 일을 할 때 하나님이 맡기신 일이라고 생각하고 성실하게 임해야 한다. 그렇게 얻은 성공은 하나님이 주신 축복이라고 말할 수 있다. 달란트 비유에 나오는 다섯 달란트 받은 종이나 두 달란트 받은 종이 그런 예가 된다.

"너희가 많이 기도할지라도 내가 듣지 아니하리니"

세상에서 성공하는 것을 인생의 목적으로 삼고 하나님의 뜻을 돌아보지 않는 사람이 있다면 그 사람은 일차적으로 영적 간음을 하는 셈이다. 더구나 그런 사람들이 일이 잘되게 해달라고 기도까지 한다면 그것은 고멜의 사악함을 닮은 것이라고 할 수 있다.

세상에서의 성공과 부를 얻기 위해서 일을 하면 나도 모르는 사이에 하나님의 뜻을 저버리게 된다. 세상에서 일하는 것 자체가 하나님을 저버리는 것은 아니다. 그것은 하나님이 맡겨주신 사명이다. 문제는 나의 야망과 성공을 이루기 위해서 일하는 것이다.

게다가 그리스도인이라면서 잘못된 성공을 위해서 하나님께 기도하는 것은 얼핏 보면 하나님을 잘 믿는 것 같지만 자기 욕심을 위해서 하나님을 이용하려는 가증한 행동일 뿐이다. 그것은 남편이 준 것으로 바람을 피우는 여자의 사악한 짓이나 다름이 없다. 아마도 하나님이 "너희가 손을 펼 때에 내가 내 눈을 너희에게서 가리고 너희가 많이 기도할지라도 내가 듣지 아니하리니 이는 너희의 손에 피가 가득함이라"(사 1:15)고 하신 것은 바로 이런 기도를 지적하신 말씀일 것이다.

성공이나 부 자체가 잘못된 것은 아니다. 그러나 그것이 하나님을 대신하게 되면 얼마든지 우상이 될 수 있다(딤전 6:10). 그 우상을 버리지 못한 채 그것을 위해서 기도까지 하는 것은 더 사악한 죄를 범하는 것과 같다. '호세아의 아내'가 그리 멀리 있지 않다!

(글: 방선기 목사)

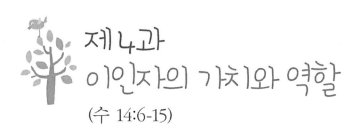

제4과
이인자의 가치와 역할
(수 14:6-15)

이 과의 목표

모세의 뒤를 이어 여호수아가 이스라엘의 지도자가 되었을 때 갈렙은 이스라엘 공동체에서 이인자의 역할을 했다. 어느 공동체에서나 바람직한 이인자의 역할은 중요하지만 멋있는 이인자를 찾기가 힘든 것이 우리 일터의 현실이다. 갈렙에게서 이인자의 가치와 바람직한 역할에 대해 배우면서 그리스도인 직업인이 갖추어야 할 바람직한 자세를 공부한다.

 **마음을 엽시다!**

　이번 승진 발표에서 당신은 뛸 듯이 기뻤다. 입사 동기들 중에서 가장 먼저 차장으로 승진했기 때문이다. 그런데 당신이 속한 엔진 개발팀 팀장인 김 차장은 부장 승진에서 누락되었다. 이제 '늙은 영감'은 뒤로 물러나게 하고 팀의 주도권을 당신이 잡아야 하지 않을까?

1. 우리 사회에서 이인자에 대한 이미지는 어떻습니까? 특히 당신이 속한 일터의 조직에서 이인자의 역할에 대해 생각해 보십시오.

　당신에게 그 역할이 맡겨진다면 어떻게 하겠습니까? 주변에서 이인자의 역할을 잘하는 사람을 찾아보십시오.

　이제 여호수아 14장 6-15절을 읽으십시오.

일인자가 될 뻔한 이인자!

2. 갈렙은 열한 명의 정탐꾼들과 함께 가나안을 정탐한 후에 가나안의 정황을 어떻게 보고했습니까?(6-10절)

　그 결과 어떤 보상을 받았습니까?(민 14:24, 30, 38)

3. 이런 놀라운 보상을 받았을 때 갈렙의 기분은 어떠했을까요?

열두 명 중에서 열 명이 탈락하고 두 명만 인정을 받았을 때 갈렙의 기쁨은 컸겠지만 다른 한 사람과 묘한 경쟁심이 생겼을 수도 있습니다. 이런 경험이 있으면 이야기해 보십시오.

적용포인트 자신과 비슷한 사람이 자신보다 높은 지위에 올랐다면 당연히 시기하고 질투할 수 있습니다. 이런 상황에서 우리 그리스도인들이 특히 조심해야 할 것들이 무엇인지 생각해 보십시오(약 3:14-18; 빌 4:2-3 참조). 특히 승진 문제와 관련해 이 문제를 생각하면 실제적인 적용을 할 수 있습니다.

이인자의 가치와 역할

4. 가데스 바네아 사건 이후 38년이 흘러 모세가 죽은 후에 하나님이 여호수아를 지도자로 세우셨습니다. 그 때 갈렙이 어떻게 반응했을지 상상해 보십시오.

> **짧은 주석** 모세의 리더십에 대한 사람들의 반응을 보십시오. 미리암과 아론이 보였던 태도(민 12:1-2)나 고라의 태도(민 16:1-3)를 보면 갈렙 역시 여호수아의 리더십에 문제를 제기할 수도 있었습니다. 하지만 갈렙은 여호수아의 리더십을 전혀 문제 삼지 않았습니다.

만일 그때 갈렙이 여호수아의 리더십을 인정하지 않았다면 이스라엘에 어떤 일이 생겼겠습니까?

5. 갈렙이 이인자에 만족하지 않고 도전했더라면 그를 따르는 사람들이 동조했을 것입니다. 그러나 갈렙이 그렇게 하지 않은 이유는 무엇이라고 생각합니까?(롬 13:1; 빌 2:2-4 참조)

6. 갈렙은 평생 여호수아의 리더십에 복종했습니다(수 14:6). 갈렙이 여호수아와 갈등을 빚지 않고 이인자의 역할을 잘 감당할 수 있었던 이유를 생각해 봅시다.

1) 그는 자신의 과거를 돌아보고 현재의 모습을 보면서 자신에 대해 어떤 자세를 취하고 있었습니까?(8, 10-11절)

2) 그는 나이가 꽤 들었음에도 불구하고 어떤 비전을 가지고 있었습니까?(12절)

적용포인트 갈렙은 85세로 비록 노장이었지만 건전한 자아상과 확고한 비전으로 건강하게 이인자의 역할을 감당할 수 있었습니다. 이것은 비단 이인자뿐만 아니라 그룹의 리더나 모든 구성원이 취해야 할 요건입니다. 직업인인 당신이 갖추어야 할 것이 무엇인지 생각해 보십시오.

또 다른 이인자들

6. 갈렙 외에도 이인자의 역할을 잘 감당한 사람들이 있습니다. 각각의 경우 당신이 그 입장이라면 어떻게 행동했을지 상상해 보

십시오.

1) 다윗이 인기를 얻을 때 왕자인 요나단의 태도는 어땠습니까?(삼상 23:17)

2) 안드레는 야고보와 요한과 한동네에서 살던 친구였고 형인 베드로를 예수님께 인도한 인물입니다. 그런데 이 세 사람만 예수님의 선택을 받아 '삼총사'로 활약할 때 안드레의 심정은 어떠했겠습니까?

3) 바나바는 바울을 인도해서 교회에 소개했으며 그와 함께 선교 여행을 하면서 선교 팀장도 지냈는데 언제부터인가 바울이 교회의 지도자로 부상했습니다. 그 때 바나바는 어떤 마음이 들었겠습니까?

적용포인트 성경 속에 나타나는 이런 확고한 이인자들에게서 당신이 배울 수 있는 교훈은 무엇입니까? 특히 일터에서 당신의 위치를 감안할 때 당신이 배워야 할 점을 찾아보십시오.

이인자의 역할을 잘 감당하는 사람이 일인자가 되어도 바람직한 리더십을 발휘할 수 있습니다. 또한 근본적으로 일인자와 이인자가 서열이나 명령체계로만 유지되는 리더십 라인이라고 생각하지 말고 이인자 고유의 역할과 의미를 존중하는 것도 도움이 됩니다. 우리 사회에서는 익숙하지 않지만 '평생 이인자'의 개념도 정착되면 좋겠습니다. 하나님이 주신 은사와 달란트를 살펴보아도 이것은 성경적인 개념입니다. 바람직한 이인자로도 얼마든지 의미 있는 인생을 살 수 있다는 것을 확신하고 우리가 먼저 노력해 봅시다.

제5과
의사소통을 통한
갈등 관리
(수 22:10-29)

이 과의 목표

아홉 지파 반과 두 지파 반으로 나뉘어 요단 강을 사이에 두고 양쪽으로 정착하게 된 이스라엘 백성이 오해로 인해 전쟁을 할 위기 상황에 처했다. 하지만 결국 서로 의사소통을 통해 오해를 풀고 다시금 평화를 찾았다. 이 일을 통해서 일터에서 갈등의 해결을 위해 의사소통이 얼마나 중요한지 깨닫는다.

 **마음을 엽시다!**

　모 학습지 회사의 교재 편집부 주임인 당신. 편집부장과 출판부장이 다음 해 교재 출간의 편집 방향과 일정 등을 논의하다가 다투는 바람에 일이 손에 잡히지 않는다. 두 부장이 회사를 위하는 마음이 있는 것은 사실인 것 같은데 뜻을 굽히지 않아 감정싸움으로 치달았다. 어떻게 하면 좋겠는가?

1. 당신의 일터나 가정 혹은 다른 공동체에서 지혜롭게 갈등을 해결한 적이 있습니까? 작은 갈등을 해결하지 못해서 오히려 갈등이 확대되어 곤란했던 경험이 있습니까? 그 이유가 무엇이었는지 이야기해 보십시오.

　이제 여호수아 22장 10-29절을 읽으십시오.

의사소통이 되지 않는다면

2. 이스라엘 백성 중에 요단 강 동편에 정착한 두 지파 반이 큰 단을 쌓았습니다(10절). 안 그래도 요단 강을 사이에 두고 나뉘게 되어 서먹했을 텐데 요단 강 서편에 정착한 이스라엘 백성이 그 단을 보고 어떻게 짐작했습니까?(16-20절)

3. 서편 지파 사람들은 동편 사람들에 대한 자신들의 판단이 옳을 뿐 아니라 하나님의 뜻에도 부합한다고 생각했을 것입니다. 우상숭배는 용납할 수 없었습니다. 그러나 이들의 판단에는 어떤 문제점이 있었습니까?

당신도 이와 비슷한 실수를 한 적이 있을 것입니다. 일터나 가정에서 범했던 실수에 대해 이야기해 보십시오.

4. 요단 강 서편에 있는 사람들은 자기들의 판단에 근거해서 어떤 행동을 계획했습니까?(12절)

만약 이 계획이 실행되었다면 이스라엘에는 엄청난 불행이 찾아왔을 것입니다. 이런 실수를 하지 않으려면 섣부른 판단과 행동을 하기 전에 먼저 여유를 가지고 다시 생각해 볼 필요가 있습니다.

갈등을 해소하는 의사소통

5. 다행히 요단 강 서편에 있는 사람들은 전쟁을 하겠다는 생각을 실천하기에 앞서 상대편 사람들과 이야기할 기회를 가졌습니다 (13-14절). 이 일은 왜 중요합니까?

6. 양편의 대화를 통해서 서편 사람들은 동편 사람들이 단을 쌓은 목적을 알게 되었습니다. 그들이 단을 쌓은 목적은 무엇이었습니까?(24-27절)

적용포인트 동편 사람들이 단을 쌓은 목적은 서편 사람들이 짐작했던 것과는 오히려 정반대였습니다. 이 사건을 통해서 대화의 중요성을 알 수 있습니다. 선입견을 가진 채 입을 닫고 생각만 계속하기보다는 입을 열어 대화를 하는 것이 좋습니다. 사람의 생각은 서로 다릅니다. 따라서 생각을 나누다 보면 뜻밖의 결과를 얻을 수도 있습니다. 일터나 가정, 여러 공동체에서 대화를 통해 오해를 풀고 훨씬 나은 결과를 얻었던 사례들을 생각해 보십시오.

7. 대화를 하고 난 후에 양편은 다시 평화를 회복했습니다(30-34절). 이때의 분위기와 동족끼리 전쟁을 하자고 분노했던 때의 분위기를(12절) 비교해 보십시오. 의사소통이 이런 상반된 결과를 낳았습니다. 당신이 일터에서 의사소통을 잘하려면 무엇이 필요하다고 생각합니까?

8. 이 사건의 전 과정을 통해서 그리스도인 직업인들이 배울 수 있는 교훈을 다음과 같이 정리할 수 있습니다. 이를 통해 당신 자신을 돌아보기 바랍니다.

1) 우선 상대방의 말을 들어보아야 한다.

2) 나의 불필요한 선입관을 점검해야 한다.

3) 짐작을 직관으로 착각하지 말라.

4) 오해가 생기지 않도록 미리 조치하라.

5) 친할수록 할말을 마음속에만 담고 있으면 안 된다.

사람들이 가진 생각은 천차만별입니다. 생각이 다양해서 아이디어도 생기고 재미도 있지만 중요한 문제에서 생각이 나뉘면 갈등의 요인이 됩니다. 우리 사회에서 겪는 보수와 진보의 갈등이 대표적입니다. 결국 해법은 소통밖에 없습니다. 갈등을 유발하는 문제를 그냥 묻어두지 말고 공론화해서 원칙에 맞추어 풀어내려는 노력이 중요합니다. 그 실마리를 제공하는 역할을 바로 당신이 할 수 있어야 하지 않겠습니까? 그렇게 노력합시다.

직장 내 갈등 양상과 그리스도인다운 대안

유치원에 근무하는 교회 청년에게 직장 일이 어떤지 물어본 적이 있다. 일은 재미있는데 대인관계가 너무 어렵다는 탄식이 그녀의 대답이었다. 알아본즉 원장 선생님과의 관계가 너무 힘들다는 것이었다. 아마도 같은 질문을 직장인들에게 던진다면 대체로 비슷한 대답을 하리라고 생각한다. 그래서 몇몇 직장인들에게 대인관계의 주요 갈등들이 어떤 것인지를 물어보았다. 여러 가지 구체적인 상황을 예로 들어가며 이야기했는데 그것들을 종합하면 대체로 다음과 같이 분류할 수 있었다.

(1) 상사들이 무리한 명령을 하거나 인신공격을 할 때: 이럴 때는 도무지 상사를 존경하기가 힘들다. 더구나 상사가 괴팍한 성격의 사람인 경우는 그 정도가 더욱 심하다. 물론 요즈음은 아랫사람들에 대해서 비슷한 갈등을 느끼는 상사도 많을 것이다.

(2) 업무상 이해관계가 충돌할 때: 사무실 공간을 사용하는 문제나 부서에 부과된 일정량의 일을 처리하는 과정에서 손해를 보지 않으려다 보면 갈등이 생기지 않을 수 없다. 임금 문제로 인한 노사 간의 갈등도 이런 맥락에서 이해할 수 있다.

(3) 일하는 스타일이 다를 때: 특히 일을 밀어붙이는 사람과 인간관계를 중시하는 사람이 함께 일하다 보면 마찰이 있을 수

밖에 없다.

(4) 어떤 문제를 결정하거나 일하는 방법을 정할 때: 서로의 가치관이나 사고방식이 달라서 갈등이 생기기도 한다. 예를 들어 신문사에서 특정 기사를 넣고 빼는 문제로 기자들 사이에 생길 수 있는 갈등을 들 수 있다.

(5) 여직원을 차별할 때: 첫 번째 갈등의 다른 표현이라고 할 수 있겠지만 이런 경우도 갈등의 원인이 된다.

이와 같은 갈등은 그리스도인들이라고 면제되는 것이 아니다. 그러나 이런 갈등을 대하는 자세와 해결 방법에서 그리스도인들은 좀 달라야 한다.

각각의 경우 그리스도인다운 대안을 정리해 보면 다음과 같다.

(1) 상사와의 갈등을 대하는 그리스도인의 기본 태도는 인간에게 주어진 권위에 순종하는 것이다(롬 13:1). 무리한 부탁이나 요구라도 일단 순종한 후에 적당한 때에 자신의 의사를 표명하는 것이 그리스도인의 자세이다. 그러기 위해서는 인내가 필요하며 말의 지혜 또한 필요하다. 야고보는 이런 필요를 위해서 하나님께 지혜를 구하라고 권면한다(약 1:6).

(2) 사소한 갈등은 개인적으로 대화를 나눔으로써 해결되겠지만 중대한 사안일 경우에는 회의를 하거나 윗사람에게 중재를

부탁해야 한다. 그렇지 않으면 갈등이 증폭되어 나중에는 돌이킬 수 없는 상황이 될 수 있다. 그러기 위해서는 대화와 토론 문화가 자리 잡아야 할 것이다. 힘이 있거나 목소리가 크면 이기는 풍토는 사라져야 한다. 그리스도인들은 양보의 미덕을 발휘할 수도 있으나 때로는 대화를 통해서 공평하게 일을 처리할 필요도 있다.

(3) 일하는 스타일의 차이로 생기는 갈등은 정말 어렵다. 문제가 일시적으로 해결되더라도 얼마든지 다시 발생할 수 있다. 그러므로 이런 갈등은 단발적으로 해결하는 데 만족할 것이 아니라, 스타일의 차이를 갈등(conflict)의 요인에서 보완(complement)의 요인으로 바꿀 필요가 있다. 이것이 잘되면 오히려 갈등이 멋진 팀워크를 이루는 계기가 될 수 있다. 일 중심의 사람과 관계 중심의 사람, 꼼꼼하지만 느린 사람과 빠르지만 일을 거칠게 하는 사람들이 좋은 팀을 이룬다면 훨씬 효과적으로 일할 수 있다(롬 12:4-5 참고).

(4) 가치관의 차이가 있는 경우는 좀 더 미묘하다. 아마도 이런 때도 책임 있는 사람의 결정을 따르는 것이 지혜로울 것이다. 이 차이가 개인 사이의 감정 문제로 번지면 쓸데없이 에너지만 낭비할 수 있기 때문이다.

(5) 아직도 남존여비의 잔재가 남아 있는 우리 사회에서 여직원들에 대한 태도는 문제가 될 수 있다. 예를 들어 이름을 함부로 부른다든가 반말을 사용할 때 갈등이 생길 수 있다. 이때

그 자리에서 바로 시정을 요구할 수도 있지만 그것은 다른 갈등을 유발할 수도 있다. 그러므로 여직원 스스로가 서로 존중하는 모습을 보여서 간접적으로 주변 사람들에게 영향을 끼치는 것도 좋은 해결 방안이 된다.

(글: 방선기 목사)

제6과
세상 속 그리스도인의
정체성

(삿 2:6-23)

이 과의 목표

여호수아가 죽은 후에 가나안 땅에 정착한 이스라엘 백성이 가나안 문화를 접하면서 신앙적으로 변질되는 모습을 볼 수 있다. 사사기의 암울한 역사가 바로 그 변질의 과정이다. 따라서 이 과정을 공부하면서 세속 사회에서 일하는 오늘 우리 그리스도인들이 어떻게 일하고 살아야 그리스도인 직업인의 정체성을 유지할 수 있을지 배운다.

 마음을 엽시다!

대학에서 건축공학을 전공한 K. 입사 3년차를 맞는 현재, 2년
간의 직장생활이 어떻게 지나갔는지도 모를 정도로 바빴다. 캠퍼
스 선교회에서 제자훈련을 받으면서 큐티, 통독, 기도, 전도, 양
육 등을 거의 빠뜨리지 않고 대학생활을 했지만 입사한 회사는
전혀 딴 세상이다. 공사 현장에서 근무하는 관계로 매일 6시 30
분까지 출근, 퇴근 시간은 언제인지 기억에도 없다. 현장의 온갖
관행과 비리 속에서 허우적대다 보니 경건훈련을 제대로 하는 것
이 간절한 바람이다. 당신이라면 이런 상황을 어떻게 극복할 수
있을까?

1. 당신이 현재 일하는 자세와 입사 초창기의 자세를 비교해 보십
   시오. 어떤 변화가 있었습니까? 혹시 변질되지는 않았습니까?

이제 사사기 2장 6-23절을 읽으십시오.

그들이 변질된 이유

2. 이스라엘 백성이 40년의 광야 생활을 마치고 가나안 땅에 도
   착했을 때 하나님과의 관계는 밀접했습니다. 사사기의 첫 부
   분에서 단적으로 보여주는 그들의 신앙 상태는 어떠했습니
   까?(1:1-2, 22)

적용포인트 창업이나 직장 생활을 시작할 때, 그리스도인들은 하나님께 기도하며 준비하는 것이 보통입니다. 그런데 일이나 신앙생활을 막 시작했을 때와 시간이 한참 흐른 후의 형편은 대개 차이가 나기 마련입니다. 당신은 과연 '첫 마음'을 계속 유지하고 있습니까?

3. 이스라엘 백성도 세월이 흐르면서 점차 신앙적 전통이 희미해졌습니다. 사사기 기자는 그 이유가 무엇이라고 지적합니까?(2:7, 10)

> **짧은 주석** 결국 이 문제도 리더십으로 귀결됩니다. 여호수아 세대 사람들, 즉 당시의 기성세대는 가나안 정복 전쟁을 치러야 했고 이후 수십 년 동안에도 영토 확보를 위해 지루한 싸움을 계속해야 했습니다(2:2-3 참조). 그러나 기성세대의 이런 불안정하고 힘겨운 생활이 다음세대에 신앙 교육을 제대로 하지 못한 핑계가 될 수는 없습니다. 결국 사사기의 암울한 역사는 이스라엘의 기성세대, 더 책임을 물어 말하면 리더십 계층이 효과적이고 지속적인 신앙 교육을 하지 못한 잘못에 기인함을 알 수 있습니다.

4. 이스라엘 백성이 하나님에게서 멀어지게 된 것, 즉 세속화는 어떻게 전개되고 있습니까?(삿 2:11-13)

그렇다고 이들이 하나님께 제사를 드리거나 예물을 드리는 것을 중단한 것은 아닙니다. 단지 농사를 지어 경제적인 풍요를 누리기 위해서 그 땅의 우상들도 함께 섬기기 시작했을 뿐입니다. 이 혼합주의 신앙은 이스라엘 백성에게 고질병과도 같이 지속되었습니다. 사무엘상 7장 1-4절을 찾아서 사무엘 선지자가 회개를 촉구한 내용을 확인해 보십시오.

적용포인트 직장 생활이나 기업 활동을 하다 보면 점차 세상의 가치관을 좇고 세상의 좋은 것들을 우상으로 삼을 수 있습니다. 그럴 경우에는 점차 하나님의 뜻을 멀리하게 됩니다. 현대 사회, 특히 우리 직업 세계의 우상에는 어떤 것이 있습니까? 직업 환경의 변화에 적절히 대응하면서도 세속의 우상에 빠지지 않으려면 어떤 자세가 필요할지 구체적으로 이야기해 봅시다. 분명한 원칙 하나는 세상과 격리되어서는 안 되지만 구별은 되어야 한다는 것입니다.

리더십으로 세상 속 정체성을 유지하라

5. 이스라엘 백성의 죄악을 하나님은 주변 민족들을 통해서 징계하셨습니다. 그리고 외적의 침입이 있을 때마다 백성을 구원할 사사를 보내주셨습니다. 사사는 어떤 역할을 했습니까?(2:18)

6. 당시의 상황(17:6)에 비추어 볼 때 사사들이 보여준 리더십은 어떤 중요성을 지닙니까?

7. 이스라엘의 주변에는 항상 이방 민족들이 있어서 침략과 전쟁이 빈번했습니다. 하나님이 이스라엘 주변에 이런 민족들을 그대로 남겨두신 이유는 무엇입니까?(2:22-23, 3:4)

8. 세상 속에서 직장 생활을 하거나 사업을 할 때 세속적인 영향을 받다 보면 그런 영향을 전혀 받고 싶지 않은 생각이 들기도 합니

다. 사사기의 이스라엘 백성도 불의한 세상 속에서 영향력 있는 리더십을 행사해야만 했습니다.

1) 당신은 세상 속에서 살며 일할 때 그리스도인으로서 어떤 문제로 가장 크게 고민합니까?

2) 당신은 어떻게 해야 세상 속 그리스도인의 정체성을 유지하면서 기독교적인 리더십을 행사할 수 있겠습니까?

우리가 살아가는 세상의 영향을 받지 않고 살아갈 수 있는 방법은 없습니다. 피한다고 능사는 아니며 하나님이 그것을 원하시지도 않습니다. 하나님이 우리를 세상으로 보내셨으나 우리는 세상에 속해 있지 않습니다(요 17:14). 세상 속에서 그리스도인 직업인의 정체성을 유지하기 위해 우리 자신이 말씀 안에 분명하게 서 있어야 합니다. 또한 그 말씀을 우리 후배들과 자녀들에게 가르쳐서 진정한 유산으로 계승해야 합니다. 참된 신앙의 유산만큼 다음 세대를 위한 귀한 선물은 없습니다.

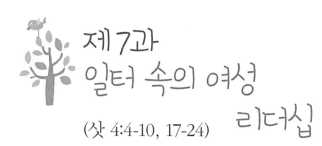

제 7과
일터 속의 여성 리더십

(삿 4:4-10, 17-24)

이 과의 목표

여자로서 사사의 역할을 잘 해낸 드보라와 적장을 죽여 승리에 기여한 야엘은 구약 역사에서 보기 드문 위대한 여인들이었다. 직업관에 비춰 볼 때 하나님이 그들을 사용하신 것은 오늘날 페미니즘의 영향으로 자주 언급되는 '일터에서 여성의 역할'에 대한 성경적 이해를 돕는다. 이 과를 통해 과연 일터에서 여성의 역할이 무엇이며 여성 리더십은 어떤 것인지를 공부한다.

🌱마음을 엽시다!

입사 8년차의 관리·자재 팀 과장인 당신은 최근 상반기 승진과 보
직 인사에 깜짝 놀랐다. 깐깐하기로 소문난 '철의 여왕' 김정숙 차장
이 승진하여 관재 팀장이 된 것이다. 이를 어쩌면 좋은가? 누가 날 좀
구해 주세요!

1. (남성들에게) 만약 당신의 상사가 여성이라면 어떨 것 같습니까?

   (여성들에게) 일터에서 남성이 아닌 여성이기 때문에 잘할 수 있는
   일은 무엇입니까? 혹시 남녀차별의 잘못된 관행이 있다면 이야
   기해 보고 적극적인 여성의 긍정적인 역할을 통해 일터를 새롭
   게 하겠다고 결심해 보십시오.

   이제 사사기 4장 4-10절, 17-24절을 읽으십시오.

여자 사사, 드보라(4:4-10)

2. 이스라엘을 다스렸던 사사들 중 유일한 여성이었던 드보라는 한
   남자의 아내로서 이스라엘을 통치했으며(4:4) 미디안과의 전쟁을
   승리로 이끌었습니다(4:14-16). 그녀의 남편인 랍비돗과 동역자인
   바락은 그녀를 어떻게 생각했겠습니까?(4:8 참조)

3. 한편 드보라는 자신의 역할을 어떻게 생각했습니까?(5:7) 특히 드보라가 이스라엘을 이끌 때 어떤 확신을 품고 있었는지, 드보라의 리더십의 특징을 상상해서 이야기해 보십시오.

4. 잠언 31장 10-31절은 '현숙한 여인'을 소개하고 있습니다. 읽으면서 당신에게 특히 인상적인 점들을 찾아보십시오.

적용포인트 잠언의 '현숙한 여인'을 오늘날의 '슈퍼우먼'(superwoman)개념과 비교해 보십시오. '슈퍼우먼신드롬'은 일하는 여성이 일하는 데 있어서도 탁월한 성과를 내고 가정에서 주부의 역할도 잘 감당하며, 심지어 인생을 즐기는 일에까지 모든 일에 완벽하려고 지나치게 신경을 쓰다 지쳐버리는 증상을 말합니다. 슈퍼우먼신드롬을 현숙한 여인의 경우와 비교해 보십시오. 어떻게 해야 '현숙한 여인'의 삶이 가능할까요?

5. 우리나라 속담에 "암탉이 울면 집안이 망한다"는 말이 있습니다. 그 말에 대해서 어떻게 생각합니까? 드보라와 '현숙한 여인'의 예를 참고해서 이 말을 성경적으로 평가해 보십시오.

전쟁의 일등 공신 야엘(4:17-24)

6. 평범한 여성인 야엘은 적장 시스라를 죽임으로써 전쟁을 승리로 이끄는 데 결정적인 역할을 했습니다(4:17-24). 당신은 인간적으로 볼 때 그녀의 행동, 즉 적장을 속여 자기 손으로 죽인 일을 어떻게 평가합니까? 성경은 그녀의 행동을 어떻게 평가합니까?(5:24)

7. 야엘의 행동은 라합(수 2:1-21)이나 들릴라(삿 16:4-22)의 경우와 비슷한 점이 있습니다. 그들의 공통점과 차이점은 무엇입니까?

적용포인트 여성의 특성은 하나님의 뜻을 이루는 데 사용될 수도 있지만 하나님의 뜻을 거스르는 데 사용될 수도 있습니다. 앞의 세 사람 다 남자들을 속이고 따돌리는 행동을 했지만 개인의 이익을 위해서만 여성의 특성을 사용한 들릴라와 달리 야엘이나 라합은 하나님의 뜻을 이루어 복을 받았습니다. 여성인 당신이 일터에서 하나님의 뜻을 이루기 위해 고양시켜야 할 여성의 특성은 무엇인지 생각하고 이야기해 보십시오.

일터에서의 바람직한 남녀 관계

8. 남자와 여자가 창조될 때 하나님의 형상으로 똑같이 창조되었지만 범죄한 후에 남자와 여자의 관계는 어떻게 변질되었습니까?(창 3:16)

그렇다면 그리스도 안에서 남자와 여자의 관계는 어떤 모습으로 회복되어야 합니까?(갈 3:28)

9. 좋은 본보기를 성경이나 주변에서 찾아보십시오(행 18:2, 26).

남자와 여자가 하나라고 해서 남자와 여자의 차이를 부정하라는 말은 아닙니다. 성 차별은 잘못이지만 성 차이는 인정해야 합니다. 남자와 여자에게는 서로 다른 독특한 은사가 있습니다(고전 11:3, 12:4-7). 이런 상호이해가 있을 때 남자와 여자는 일터와 가정에서 바람직한 관계를 형성할 수 있습니다. 몸의 지체들이 서로 도우며 각자의 역할을 담당해야 하듯이(고전 12:21-27 참조) 일터와 가정의 남녀 관계에서도 서로에 대한 이해가 필요합니다. 일터의 바람직한 남녀관계를 세워서 아름답고 멋진 일터 공동체를 만들어갑시다.

제8과
기드온의 리더십
(삿 6:11-16, 7:1-7)

이 과의 목표

기드온은 이스라엘의 사사들 중 가장 뛰어난 지도자로 꼽힌다. 하나님이 그를 이스라엘의 지도자로 사용하시는 과정과 그가 지도자로서 보여준 리더십은 현대 사회의 일터에서 기독교적인 리더십을 가져야 할 사람들에게 좋은 교훈이 된다. 이 과정을 공부함으로써 바람직한 리더십을 이해한다.

 마음을 엽시다!

　팀장의 리더십에 늘 불만이 많은 당신. 특히 팀장의 우유부단한 성격 때문에 늘 화가 난다. 결정이 늦어서 회사나 팀이 손해를 본 경우가 벌써 몇 차례나 있었다. 다른 팀과 협업할 때도 의사결정이 늦어져서 다른 팀원들에게 잔소리를 듣는다. 하긴 신중해서 좋은 결과를 얻은 적도 한두 번은 있다. 당신이라면 팀장의 리더십에 어떻게 조언해 줄 수 있을까?

1. 사사 기드온이라는 인물을 당신은 리더십의 측면에서 어떻게 생각합니까? 장점과 단점은 무엇입니까?

　이제 사사기 6장 11-16절, 7장 1-7절을 읽으십시오.

리더십의 요건: 하나님이 함께하심

2. 하나님의 사자가 기드온에게 나타나서 새로운 사명을 주실 때 기도온은 어디에서 무엇을 하고 있었습니까?(6:11)

3. 하나님이 이스라엘을 구원할 사사의 사명을 기드온에게 맡기셨을 때 그는 어떻게 반응했습니까?(6:15)

   기드온은 미디안과 맞서 싸울 자신이 없었습니다. 이때 하나님은 어떻게 그를 격려하셨습니까?(6:16)

4. 이후에도 하나님은 계속 의심하는 기드온에게 집요하게 확신을 심어주십니다. 6장 36-40절, 7장 10-11절을 찾아보십시오.

적용포인트 그리스도인의 리더십은 자신감이나 용기에 있는 것이 아닙니다. 하나님과 동행함에 달려 있습니다. 1과에서 다룬 여호수아의 경우도 그랬습니다(수 1:9). 자신이 아닌 하나님을 의지할 때 우리는 맡겨진 사명을 능히 완수할 수 있습니다. 이런 리더십의 요건을 당신이 생각하는 리더십과 비교해 보십시오.

5. 하나님은 미디안과 전쟁을 하기 위해서 기드온을 따라나선 군사들의 숫자를 파격적으로 줄이셨습니다.

   1) 하나님이 군사들의 숫자를 줄이라고 하신 이유는 무엇입니

까?(7:2)

2) 어떤 방법으로 줄이셨습니까?(7:3, 5)

전쟁에는 군사의 수나 무기가 중요하지만 하나님은 영적 소수를
통해서 얼마든지 위대한 일을 이루실 수 있습니다. 예수님의 경
우도 그랬습니다. 예수님의 말씀을 잘 이해하지 못한 청중이 많
이 떠나가기도 했습니다(요 6:66). 하나님의 일은 보통 영적으로
무장한 소수가 해냅니다. 물론 이 소수에게 능력이 있어서가 아
닙니다. 그들이 소수라는 사실은 하나님이 친히 행하셨음을 입
증하는 것입니다. 결국 그 소수의 능력으로 일을 이룬 것이 아니
라 하나님이 하셨음을 보여준다는 점이 세상의 '소수 엘리트 의
식'과 다른 점입니다.

성공한 리더십, 실패한 리더십

6. 미디안 군대에 승리한 기드온은 지도자로서 아주 멋진 리더십을
   보여주었습니다. 동시에 아쉬운 점들도 있었습니다. 결국 그에게
   서 성공한 리더십과 실패한 리더십을 동시에 발견할 수 있습니
   다. 먼저 그의 성공한 리더십을 확인해 봅시다.

   1) 기드온은 미디안 군대를 추격할 때 부르지 않았다고 불평하
      는 에브라임 사람들을 어떻게 달랬습니까?(7:24-25, 8:1-3)

2) 전쟁 영웅이 된 기드온에게 백성이 권력 세습을 요청했습니다. 이 때 기드온은 어떻게 반응했습니까?(8:22-23)

7. 기드온의 리더십이 실패한 점은 무엇인지 찾아봅시다.

1) 기드온은 전리품에 있던 금으로 에봇을 만들어 자기 고향에 두었습니다. 이것이 어떤 치명적인 결과를 낳았습니까?(8:27)

2) 기드온은 많은 처첩을 거느렸습니다(8:30-31). 이러한 행위는 후에 그의 가정뿐만 아니라 이스라엘에 어떤 비극을 가져왔습니까?(9:1-5)

기드온을 통해서 리더십에 관해 많은 것을 배울 수 있습니다. 연약하고 소심한 사람이라고 해서 리더십을 발휘하지 못하는 것이 아닙니다. 리더십에 색깔이 있고 다양한 리더십이 조화를 이루어야 조직이 발전합니다. 무엇보다 하나님이 함께하심을 통해 기드온은 성공하는 그리스도인 리더십을 보여주었습니다. 하지만 잘하다가도 마지막에 실패하는 리더십을 보이면 어떤 결과를 가져오는지 기드온의 말년에서 우리는 배울 수 있어야 합니다(8:33-35). 좋은 점은 배우고 실패한 것은 타산지석으로 삼아 멋진 리더십을 계발합시다.

평범한 일에 담긴 영적 의미

당신의 생애를 돌이켜 볼 때 신앙적으로 가장 인상적인 경험이 있는가? 혹시 일터에서 기억할 만한 사건을 경험해 보았는가? 사람들은 대개 인상적인 일들은 잘 기억하고 평범한 일상에 대해서는 별로 관심을 보이지 않는다. 특히 일터에서 거의 매일 하는 일은 따분하거나 마지못해 하는 일이라고 생각하는 경향이 있다.

시어머니와 며느리의 아름다운 이야기로 흔히 알려져 있는 룻기에는 일터와 가정에서 벌어지는 평범한 일상을 통해서 위대한 구속 사역을 이루시는 하나님의 섭리가 담겨 있다. 룻기를 보면서 평범한 일상생활이 얼마나 중요한지 확인할 수 있다.

시어머니를 따라 온 여인 룻은 모압 사람이라 이스라엘은 아는 사람 하나 없는 타향일 뿐이다. 게다가 시아버지와 남편도 죽어서 홀시어머니를 모시는 실질적인 가장이기도 했다. 이런 힘든 역할을 감당하기 위해 룻은 일을 하기로 마음먹었다. 그녀의 마음 자세는 아마도 "누구든지 일하기 싫어하거든 먹지도 말게 하라"(살후 3:10)는 말씀을 실천하는 기분이었을 것이다.

그 당시에 그녀가 할 수 있는 일은 이삭을 줍는 일뿐이었다. 그나마 추수철이어서 이삭을 줍는 일을 하는 것만도 하나님의 은혜였다. 그때 그녀가 '우연히' 찾아간 곳은 보아스의 밭이었다. 당시 룻이나 주변 사람들이 보기에는 우연한 일이지만 이것이 하나님의 섭리였다. 이 우연하고 단순하고 일상적인 일을 계기로 룻의 인생은 크게 바뀌었다(룻 4:18-22; 마 1:1-16 참조).

그런데 보아스의 밭에서 일하는 일꾼들과 보아스의 관계는 단순히 주인과 일꾼의 관계만은 아닌 듯했다. 베들레헴 성에서 자신의 밭에 온 보아스가 일꾼들에게 "여호와께서 너희와 함께 하시기를 원하노라"라고 축복하자 일꾼들도 "여호와께서 당신에게 복 주시기를 원하나이다"(2:4)라고 하며 축복을 주고받고 있다. 이들은 주인과 일꾼의 관계였지만 서로를 축복하는 사이이기도 했다. 노사 관계 문제가 첨예하게 대립되어 있는 이 시대에 참다운 노사 관계, 직장 내의 상하 관계에 대한 아름다운 모델을 제공해 주고 있다.

그리고 보아스는 낯선 이방 여인에게 관심을 보였고 그녀에게 자비를 베풀었다(룻 2:5, 8-9). 그가 불쌍한 여성에게 자비를 베푼 것이 결국 메시아가 태어날 가계를 형성하여 구속 역사를 이루게 했다.

또한 룻이 보아스의 밭에서 열심히 일하는 모습이 일꾼들의 눈에 띄었다. 룻의 성실함 역시 구속 역사를 이루는 데 중요한 연결고리가 되었다. 잠언 22장 29절에 "네가 자기의 일에 능숙한 사람을 보았느냐 이러한 사람은 왕 앞에 설 것이요 천한 자 앞에 서지 아니하리라"고 한다. 일터에서 성실하게 일하는 것은 이렇게 중요하다.

이같이 하나님이 계획하신 일은 결국 이루어지는데(롬 11:36) 매우 평범한 일상적인 일들을 통해서 이루어진다. 다음과 같은 가정을 해보면서 일상적인 일의 중요성을 느껴보기 바란다.

-만일 룻이 일할 생각을 하지 않았다면?
-룻이 일하러 가서 게으름을 피웠다면?
-보아스가 일꾼들과 좋은 관계가 아니었다면?
-보아스가 자기 밭에서 일하는 낯선 여자에게 관심이 없었다면?
-보아스가 불쌍한 룻에게 자비를 베풀지 않았다면?

(글: 방선기 목사)

제1과 직업인의 리더십

2. 여호수아는 수십 년 동안 모세를 섬기던 일종의 비서였습니다
   (출 24:13, 33:11; 민 11:28).

   1) 하나님은 여호수아의 할일은 가나안 땅 정복이라고 말씀하시
   고 그 땅의 경계를 보여주셨습니다. 이런 확고하고 분명한 비
   전이 지도자를 지도자답게 합니다.

   2) 두려워 말라, 담대하라고 반복하시는 하나님은 여호수아에게
   자신감을 고취시키기 위해 애쓰셨습니다.

   3) 우유부단하거나 원칙이 없는 지도자는 신뢰를 얻지 못합니
   다. 좌로나 우로나 치우치지 않는 율법에 근거한 원칙이 소신
   있는 리더십을 가능하게 합니다.

   4) 자신의 원칙만 강조하는 것이 아니라 하나님의 말씀을 묵상
   함으로써 하나님과의 관계를 유지하는 것이 중요합니다. 자기
   의 고집만 강요하면 편협한 원칙주의자에 불과하지만 하나님
   의 말씀 묵상에서 나온 지혜는 공동체를 바르게 이끌 수 있
   도록 객관적인 공감대를 형성하게 해줍니다.

4. 1) 모든 일을 지도자 혼자 할 수는 없습니다. 위임이 리더십의
   중요한 요소입니다.

   2) 변화만이 능사는 아닙니다. 여호수아는 모세 시대에 일부 지
   파들에게 약속한 사항들을 다 지킵니다. 전통을 인정하는 것
   이 공동체의 결속을 다져줍니다. 전통을 인정하되 혁신 또한
   필요합니다.

3) 여호수아는 하나님의 약속을 백성에게 다 전했습니다. 진정한 의사소통은 하나님의 말씀을 빠뜨리지 않고 다 전하는 것에서 시작됨을 명심합시다.

제2과 장애물을 극복하는 리더십

1. 장애물에 부딪혔을 때 그대로 밀어붙이는 사람도 있고 우회하는 길을 찾거나 남의 도움을 구할 생각을 먼저 하는 사람도 있습니다. 그리고 가장 먼저 하나님께 기도하는 사람도 있습니다.

3. "하나님이 주신 확신"과 "고집"에는 분명한 차이가 있습니다. 첫째, 다른 사람의 이야기를 전혀 듣지 않는다면 그것은 고집일 가능성이 높습니다(삼상 23:3-4의 참모들의 조언을 들었던 다윗을 참조하십시오). 둘째, 이기적인 욕심을 위한 것이라면 고집일 가능성이 많습니다. 셋째, 다른 사람에게 폐를 끼친다면 고집일 가능성이 많습니다.

4. 언약궤(법궤)는 하나님의 임재를 상징합니다. 군대가 전진할 때 보통 첨병이나 정찰병을 앞세우는 것과 달리 언약궤를 맨 앞에 내세운 이유도 역시 가나안 정복을 친히 주관하시는 분이 바로 하나님이심을 보여주는 것입니다.

7. 요한복음 2장 1-11절에 나오는 하인들이나 누가복음 17장 11-19절에 나오는 사마리아인 한센 병 환자의 경우를 예로 들어 이야기해 보시기 바랍니다.

8. 철철 흘러넘치는 강물에 발을 들여놓는 모험을 했던 제사장들이 강을 먼저 건너간 것이 아니라 마지막까지 남아서 위험을 감수했던 것은 장애물 극복을 위해 리더가 보여주는 믿음의 본이 어떠해야 하는지 잘 보여줍니다.

제3과 성공과 실패

마음을 엽시다!

1) 일이 잘 풀릴 때는 기고만장, 감사, 과시, 자랑?
2) 일이 잘 안 풀릴 때는 낙심, 후회, 반성?

순종의 결과는 성공: 여리고 성 전투와 아이 성 전투는 가나안의 중앙 지역 전투로 전략적 의미가 있습니다. 전술학적으로는 북부 지역의 므깃도 전투 등이 훨씬 의미 있었지만 성경이 여리고와 아이 전투를 자세하게 기록하는 것은 이 두 전투가 가진 영적 의미 때문입니다. 이 두 전투의 모델은 이스라엘이 하나님께 순종할 때는(6:1-14) 승리하고 불순종할 때는(7:1) 패배한다는 패러다임을 보여줍니다.

2. 여리고 성은 성벽 위를 두 대의 마차가 교차할 수 있을 정도로 두꺼웠고 그것도 겹 성벽을 갖춘 요새였습니다. 또한 요단 강이라는 천혜의 방어막이 있었기에 적어도 요단 강물이 흘러넘치는 시기에는 동방의 외적으로부터 함락당한 적이 없던 견고한 요새였습니다.

5. 아이 성을 능히 이길 수 있으리라고 생각한 것은 이스라엘 백성

의 머릿속에 여리고 성 전투를 자신들의 힘으로 승리한 것이라는 착각이 존재했음을 보여줍니다. 즉 교만이 어느새 그들의 생각 속에 깃들어 있었던 것입니다. 결국 아간의 범죄는 개인의 범죄가 아니라 이스라엘 민족의 집단적 범죄였음을 보여줍니다.

6. 궁극적으로 아이 성 전투에 갈 병력의 수 3,000명을 결정한 것은 여호수아였습니다. 따라서 이스라엘의 아이 성 실패는 지도자의 리더십이 실패한 것이기도 합니다.

제4과 이인자의 가치와 역할

1. 이인자 문제는 서열로 인식하면 안 됩니다. 만약 그렇게 이해하면 이인자에 대한 편견은 평생 풀리지 않습니다. 이인자로 계속 있을 것인지, 지도자로 올라갈 것인지 하는 문제도 사실 중요한 것은 아닙니다. 서열이 아니라 협력과 팀워크의 문제로 이인자 문제를 보아야 합니다.

4. 신약에서도 파벌 싸움은 있었습니다. 고린도 교회가 바울파, 아볼로파, 게바파, 심지어 그리스도파 등으로 나뉘어 싸운 것이 대표적 사례입니다(고전 1:11-12).

6. 1) 가데스 바네아 이후 38년의 광야 유랑, 그리고 7년간의 정복 전쟁 기간을 합하면, 45년 동안 하나님의 약속의 성취를 기다린 갈렙의 인내는 가히 칭찬받을 만합니다.
   2) 이인자로서 자기의 할일이 분명하다면 지도자와 갈등을 빚는 경우가 적을 수 있습니다. 리더가 꿈을 가지고 공동체를 이끌

어야 하지만 이인자 역시 비전을 품고 자신과 공동체의 목표를 추구하기 위해 노력해야 합니다. 물론 리더가 가진 비전에 부딪혀 갈등을 빚는 목표를 추구하면 곤란합니다. 여호수아는 이스라엘 민족의 지도자였고 갈렙은 자기가 속한 지파를 위해서 일했던 것을 보면 이들의 비전이 협력 관계이고 서로 조화를 이룬 것을 알 수 있습니다.

제5과 의사소통을 통한 갈등 관리

1. 예를 들면 대화를 하다가 상대방의 상처를 건드려서 오히려 관계를 더욱 악화시키는 경우도 있습니다.

3. 서편 지파 사람들의 판단은 결과물만을 보고 짐작했던 것입니다. 또한 동기나 의도를 파악하지 않고 한 행동만을 보고 전체를 판단하려 한 것입니다. 직관과 성급한 판단은 다른 것입니다. '직관'이란 판단이나 경험, 추리 등의 간접적인 수단에 따르지 않고 대상을 직접 파악하는 것을 말합니다. 성급하게 판단한다고 해서 다 직관적인 판단을 하는 것은 아닙니다.

4. 똑같은 단에 대해서 양편 사람들의 생각이 어쩌면 이렇게 다를 수가 있습니까? 사람의 생각은 이렇게 천차만별입니다. 따라서 서로를 인정하고 의사소통을 위한 노력이 필요합니다.

8. 이외에도 의사소통을 막는 요인은 많이 있습니다. 예를 들어 중간 전달자의 실수나 거짓말로 의사소통이 아닌 의사불통이 되는 경우 등이 있습니다.

4. 유목 생활을 하던 이스라엘 백성이 가나안 땅에 정착한 후에는 당시 농경문화의 풍요로움에 놀랐을 것입니다. 오늘의 기준으로 보면 목축업이 고부가가치 농업일 수 있습니다. 하지만 고대 사회에서 수확량으로 비교하면 유목과 농업은 비교가 되지 않았을 것입니다. 농업을 통해 얻을 수 있는 수확량이 훨씬 많았습니다. 이런 농경 사회를 겪으면서 이스라엘 백성은 가나안 종족들이 농사를 주관하는 신으로 섬기던 바알과 아세라를 섬기게 되었습니다. 또한 팔레스타인 지방의 건기가 끝나고 우기가 시작되어야 파종할 수 있다는 지역 여건 상 가나안 종족은 비를 주관하는 신을 자극하는 제의를 가지고 있었습니다. 신당에서 남녀 사제들과 백성이 성관계를 가지는 것이 종교적 제의 과정으로 행해졌기에 이스라엘 백성이 사사 시대를 지나 왕정 시대에 이르러서도 신당을 폐하지 못하는 왕들이 많았습니다.

5. 긍정적인 면과 부정적인 면이 동시에 있습니다. 먼저 긍정적으로는 왕이 없는 시대에 그나마 하나님의 카리스마적인 리더십을 행사했던 지도자들이었고 부정적으로는 당시의 영적 상태를 반영하듯 지도자들의 모습 속에서 모범적인 리더십을 발견하기가 힘들다는 것입니다. 예를 들어 일종의 권모술수로 적장을 죽인 에훗, 무모한 맹세를 하여 딸을 산 채로 제물로 드린 입다, 겁쟁이였던 기드온, 사사를 지낸 7년 동안 아들 30명과 딸 30명을 국제결혼 시킨 입산, 하나님이 주신 힘을 헛되게 낭비한 삼손 등입니다.

6. 사사는 이스라엘을 정치적인 위기에서 구원한 군사적 지도자임과 동시에 평화시에는 재판을 하면서 이스라엘 백성을 이끌었던 지도자였습니다. 사사기 2장 11-19절은 300여 년의 사사 시대를 총평하면서 사사의 역할에 대해서 설명하고 있습니다. 특히 16-17절에서 사사의 긍정적인 기여와 부정적인 영향력을 잘 대비하여 보여줍니다.

제7과 일터 속의 여성 리더십

2, 3. 이스라엘을 외적의 침입으로부터 구원한 여자 사사가 있었다는 사실을 기록했다는 것 자체가 주는 메시지는 참으로 심오합니다. 당시 여성들은 사람 취급을 받지 못하던 때였습니다. 그때에 이스라엘의 남자들 중에 얼마나 쓸 만한 사람이 없었으면 하나님이 여자를 사사로 세우셨겠습니까! 더구나 당시의 남자들 중 가장 나았다는 바락조차 드보라의 치맛자락을 붙잡고 졸졸 따라다닐 정도였습니다. 이런 한탄과 안타까움이 사사기 4-5장의 메시지입니다. 이것은 여성을 비하하는 것이 아니라 사사기에 흐르는 영적 메시지를 발견하는 것입니다. 사사 시대는 그 정도로 무기력하고 불안한 사회였다는 점을 강조합니다. 이런 전제 하에 여자 사사 드보라가 어떤 역할을 통해 자신의 리더십을 발휘하는지 살펴보아야 합니다.

6. 야엘의 행동이 간사하거나 잔인하다고 생각할 수도 있으나 당시는 전쟁 상황입니다. 전쟁의 관점으로 보면 야엘은 용감하고 애국적인 행동을 한 것이었습니다. 또한 여성의 세밀함과 지혜가 돋보이기도 합니다.

2. 한편 11절은 하나님이 일하고 있는 사람을 찾아오신 것을 보여
   줍니다. 모세의 경우에도 그가 일하고 있을 때 하나님이 사명을
   맡기셨습니다(출 3:1). 그렇다면 조원들에게 현재 하고 있는 일을
   성실하게 감당할 때 하나님이 더 큰 일, 즉 사명을 맡기시지 않
   겠는지 질문해 보십시오.

5. 2) 3만 2,000명의 군대에서 2만 2,000명을 집으로 돌려보낼 때에
   는 두려워하는 자들을 선별했습니다. 그런데 1만 명의 군대
   를 300명으로 줄일 때에는 어떤 자를 남기고 어떤 자를 돌려
   보냈는지 그 기준이 분명하지 않습니다. 어쨌든 하나님은 1만
   명도 많다는 의도를 분명히 보여주셨습니다. 어떤 사람이건,
   300명만으로도 충분하기에 독특하게 물을 마시는 소수의 사
   람들을 골라 뽑았던 것 같습니다.

7. 2) 지도자들이 자식들의 실수로 인해 리더십에 큰 상처를 입는
   경우가 고금을 통해 계속되고 있습니다. 사사 시대와 왕정 시
   대를 이은 사사 겸 선지자 사무엘도 이스라엘의 훌륭한 지도
   자였으나 자식들의 잘못으로 인생 말년에 낭패를 보았습니다
   (삼상 8:1-5). 망나니 자식이 훌륭한 업적을 남긴 부모의 얼굴에
   먹칠하는 경우를 이야기해 보십시오. 부모들의 잘못된 자식
   교육도 반드시 성토하고 넘어가야 합니다.

아바 일터 성경 공부 시리즈 3

성경적 리더십 여호수아와 사사기를 중심으로

초판 1쇄 인쇄 2015년 6월 15일
초판 2쇄 발행 2022년 5월 12일

지은이 방선기
펴낸이 정선숙

펴낸곳 협동조합 아바서원
등록 제 274251-0007344
주소 경기도 고양시 덕양구 삼원로51 원흥줌하이필드 606호
전화 02-388-7944 | 팩스 02-389-7944
이메일 abbabooks@hanmail.net

ⓒ 협동조합 아바서원, 2015

ISBN 979-11-85066-41-7 04230
      979-11-85066-38-7 (세트)